北海道経済の戦略と戦術

宮脇　淳

地方自治土曜講座ブックレットＮｏ．８３

はじめに

今日頂いているテーマは「北海道経済の戦略と戦術」ですが、まず「戦略思考の基礎」として「事実の確認」、「評価の議論」、「政策の議論」の3つを区分けしながら整理をさせて頂きたいと思います。

特に「事実の確認」につきましては、まず第一に、北海道を取り囲む外部環境について、お話をしなければいけないと思っております。そのあとに、その「評価」に入っていきたい。

事実の「確認」という問題と「評価」という問題を同時並行的に行なってしまうと客観的に幅広い点で「事実」というものを認識することができない状況をつくります。そうすると評価自体にも影響を与えてしまいます。従って「事実」として起っている問題は、それを直接見た上で、評価を行なうことが戦略・戦術を考えていく場合には必要だと思っております。

第二に、北海道経済の現状評価、すなわち北海道経済の内側に存在している問題を中心に見てみたいと思います。三番目に、北海道経済の環境変化ですが、ここは内部的な要因と外部的要因をつなぎ合わせ全体として北海道経済の直面している状況を考えようと思っております。

Ⅰ　北海道経済の現状評価

1　「均衡ある国土の発展」政策の光と陰

(1)　北海道経済の構造と体質

北海道経済は全国の経済と同様に、バブル経済が崩壊したあと、すでに10年以上経過をしておりますが、日々非常に厳しい状況が続いております。しかも日本経済が輸出中心に、昨年（二〇〇二）来、少しずつ明るさが出てきていると言われる中で、北海道経済は輸出の比率が非常に低いために、こういった明るさも北海道経済は受けることができないでいます。

そうした中で、もう少し今日の不況をもたらしている本質的な構造はいったい何なのかを見ることが必要です。と言いますのは、今日、北海道が直面している問題は、景気の波という問題ではなく、景気の波の前提にある、北海道経済の構造、体質という根本的な点に問題があると考えざるを得ないからです。

例えば、失業率ひとつをとってみましても北海道の失業率は非常に高い。しかしご承知のようにその失業率のほとんどを抱えているのは札幌を中心とした道央圏です。むしろ非常に景気が悪いという中で道央圏以外の地域においては失業率の数字は非常に低い1~2%台という状況にあります。本来景気がよくなって失業率が下がるということは起りますが、景気が悪くて失業率が下がるということになりますと、これは明らかに、職を求める方々が道央圏以外での就職を断念していることを意味しているわけです。

失業率というのはご承知のように職を求めている方と現実に就職できないでいる人の数の比率です。従って就職者数に変化がなくても職を求めていく方々が減ってくれば失業率というのは下がってくるという構造を持ってます。従って北海道経済にとってみますと、道央圏以外のところでは、職を求めることが非常に難しくなる中で、道央圏に対する道内の社会的移動が起り始めている。こうした動向が今回特に強くなっているということです。

こういった問題は一時的な景気回復によって克服される問題ではありません。北海道経済の根底にある問題を見つめ直していかないといけない。これから人口が全国的に減少していくという局面においては、むしろこの問題がさらに深刻化する可能性を持っていると思います。

(2)「均衡ある国土の発展」と資源の同質化

そこで「均衡ある国土の発展」ということですが、ご承知のように、この標語は戦後のわが国の公共事業等政策の中心となった理念です。北海道においてもこの理念は「生活水準の向上」のために、非常に大きな役割を果たしてきた。そのことは、もちろん高く評価されるべきだと思います。ただし、どんな政策にも、光と影があると言われます。それでは「均衡ある国土の発展」という政策目標はいったいどういう問題を起こしてきたのか。

「均衡ある国土の発展」という問題は、同時に「資源の同質化」を進めてきたと整理をすることができると思います。

この「均衡ある国土の発展」というのは全国土において一定の水準の経済活動、生活水準は確保しましょうということで、インフラ整備や社会的ないろいろな政策を展開してきたというものです。しかしご承知のように、このインフラ整備等が極めて中央集権的な構造の中で、戦後50年の間展開されてきた。この中央集権的な政策の展開には極めて画一的な補助金行政に代表されますように、中央が財源を配分する中で各地で行われる社会インフラ整備やその他の政策の「同質化」が行われてきたという問題があります。

典型的なのが北海道から沖縄に至るまで一律に建設が進められてきた「高速道路」です。すべて同じような規格で建設をしていくことによって極めて高いコストをかけ全国に同質のインフラを形成しました。そのインフラは、利用を通じて地域の資源も同質化しました。

①大量生産・大量消費

それの典型的なのが、大量生産、・大量流通の問題です。農産物・畜産の問題等に明確に生じています。

大量生産や大量流通を前提としますと、北海道の資源を極めて厳しい価格競争の中に投入させていく形になって参ります。そのような価格競争を展開するということになれば、一つの「物差し」として、大市場たる東京に合わせた同じような製品を大量に供給するといったことが主軸となって展開されていき、北海道がそもそも持っている「個別の資源」をどんどん劣化をさせていってしまうという問題が起ります。

「北海道は資源を活用しているのではなくて資源を消費しているんではないか」とよく指摘されることがあります。この、資源を消費しているというのは、北海道にそもそもあった貴重な資源を東京を中心とした画一的な質にどんどん同質化していった、つまりせっかくある異質な資源を消費するような形で同質化を進めていったという意味です。

この「均衡ある国土の発展」という政策目標によって、経済生活水準の向上と、その反面で、各地にあります個別資源の同質化が極めて強く推し進められてきたということが言えると思います。

今まで我が国は、人口の増加とともに、右肩あがりの経済成長を遂げて参りました。その段階におきましては、同質化することにはある程度の意味があったと思います。毎年所得が拡大をしていく中で、大量生産によって商品やサービスを供給して所得を拡大させるという面でメリットがあったということは否定できません。

しかし、これから我が国の中では人口が減少していく。現在の1億3千万人から100年後には6000万人台になり、そのあと横ばいになっていく。そういう環境の中で、今申し上げました「同質化された資源」で競争していってしまいますと、規模の集積した東京・関東に経済活動や所得が集中し、北海道が縮小してしまう危険性があります。

従いまして、「均衡ある国土の発展」という理念形の中で「資源の同質化」を進めてしまう手法は、そろそろ克服していかないといけないと思います。

②資源の同質化の克服

私は札幌に住んで6年になります。今住んでいるのは中央区ですが、この6年の間に札幌の中央区の風景はどんどん変わってきたのは、皆さんご承知の通りです。札幌は東京24区と言われるように、非常に転勤族に人気のある地域です。ほとんど東京と遜色のない生活ができる、それにスキーにも気軽に行けるし温泉にも行ける。自然環境もちょっと外へ行けばふんだんにある。といったようなプラスαのメリットがあるということだと思います。

ただ札幌市がその基盤とする社会環境あるいは地域環境は、最近では非常に急速に東京の23区内の状況と極めて類似したものになってきているということが言えると思います。従って、マンション群がどんどん建ち上がっていく中で、町並みの景観は東京とほぼ同質のものになってきています。

そのことは人口増の時代ではメリットがあったのです。ところがこれ以上同質化を進めていけば、おそらく札幌市といえども100年後に人口を維持し続けていられるかという問題になりますと、必ずしもそういうふうに考えることは難しい。道内においては札幌を中心とした道央圏に人口が社会的に移動してくる。従って当面札幌圏を中心としたところが人口を伸ばしていくことは想定できるわけですが、日本全体の人口減少が本格化し、札幌の同質化がさらに進めば、東京やその他の地域との競争関係になってくる。そうしますと「異なった資源」というものを札幌市の中でキチッと持っておきませんと、東京等との間での「同質」の競争では勝ち抜くことは難しい。そういう局面になってくるんだろうと思います。

「資源の同質化」という問題については、そろそろ克服していく必要性があると思います。

(3) 支店経済・原料供給

それから、「支店経済」、「原料供給」という問題です。

特に「支店経済」につきましては札幌だけでなく道内の主要都市の中でも、企業の合理化など経済活動の姿が変わってきたことにより地域経済に影響が出始めています。今まで本店と支店との間の人事異動、あるいは支店の規模を維持していただくことで成り立っていた地域経済が、この極めて厳しい経済環境の中で企業が行うリストラ等のために、経済規模を縮小せざるを得ないということが起っている。

一つの例として、北見市では、極めて厳しい課題として地域にのしかかってきているわけです。ＮＴＴを中心とした通信関連業界が大きなリストラをすることによりまして、北見市等に今まで１０００人近くいた社員が数十人減るという形になる。そうしますと地域経済に当然与える影響も大きくなって参ります。

なぜ東京に本店が集中をするのか、なぜ北海道は支店なのかといえば、全国土において同質の資源で経済活動をすれば東京を中心としたまず均一的な規格を作るところに本店が存在し、あとはそれにしたがって展開できる構造を作っておけばよかったからです。

しかし、これからそれぞれの地域において異なる資源で競争するということになれば、それぞれの異なる資源を活用できる、地域にそれぞれ本店を置き活動する構造になっていく。

したがってこの「支店経済」という問題も「均衡ある国土の発展」という問題から派生をしてきた極めて類似する問題であるということです。

(4) 地域金融体制の未整備

ここまで申し上げたことは、どちらかといいますと、「物」ですとか「サービス」に関する実物経済の部分ですが、これと常に一体となって「金融」の問題が存在します。

金融という面で見ますと、北海道には公共事業に代表されますように、大量の財政資金が投入されるわけですが、その多くの部分は金融というシステムを通じて本州側に還流していく構造を持っております。やはり、この構造を変えていきませんと北海道で得た所得を地域内に投資していく構造がなかなかうまく作れないという問題が出て参ります。

金融システムというのは基本的には規模を拡大しリスクをとっていこうと考え規模の拡大を求めていってしまう。しかし、北海道地域を主眼として資金供給を行なっていく直接あるいは間接的な金融の仕組みを作っていきませんと、財政と同時に社会インフラの形成あるいは政策展開というものについて、「同質化」の状況から脱することができません。

この問題についてもこれまで財政政策で金融的な手法というのが拡大する一方で北海道にあった地域的な金融システムが、どんどん失われていった。

小泉政権の中で議論されているいわゆる財政投融資の改革もそうしたものをさらに進めていく問題点というのがあります。

①コミュニティ・ボンド、地方債発行の特色

さらにもう一つ重要なことは、この秋から財務省では変動金利、買い戻し条件も付した国債を

個人向けに直接販売し始めます。

一方で、兵庫県とか群馬県で行なわれております、住民に対して一定の行政サービスのコストを負担していただくためのコミュニティポンド、あるいは地域住民を対象とした縁故債の一種の地方債の発行が展開されておりますし、これから広がりを見せようとしているわけです。

これは地域と密着した形での財政金融システムとして非常に注目できる点があるわけですが、国債が直接国民に売却されるということになりますと、当然「住民」と「国民」は重なりあう存在ですので、資金調達という面からは国債と地方債とがダイレクトに競争関係を持ってくることになります。そうしますと国債と地方債を純粋に金融的に判断をすれば、当然、国債の方が信用力が高いという結論が出てきてしまいます。

しかし、国債で調達した資金は国の財政を通して画一的に使用されます。縁故地方債等で調達した資金が自分達の地域に対してきちんと使われるんだということ、あるいは差別化されて使われるんだということが分かれば差別化できます。国債ということになりますと、その地域独自ベースのことはほとんど見えてこないのが現実の問題になる。

この問題は資金調達をすることが重要なのではなくて、調達をした資金をどのように地域の特性にあって投資をしていけるかが重要になります。しかも、あくまでもこれは金融的な資金調達であるということですから、キチッと返していかなければなりません。地域自ら真に投資と回収の構造を持つことです。

これは、公共事業で例をとると非常に分かりやすいと思います。皆さんご承知のように道内に投入された公共事業費は非常に多い。しかも一人当たりの公共事業費というのは全国的にも極めて高いレベルにある。

②投入される公共事業関係費と北海道に残る所得

ただ、これはあくまでも入り口ベースの問題であって、それでは、投入された公共事業関係費の中で、北海道地域に所得としてキチッと残った分がどの程度あるのか。

これは大きな公共事業を平均して計算しますとだいたい15%から25%という数字になってます。従って残りの部分というのは人材、器材の調達ですとか、あるいは金融的なルートで本州の方に還流をしていってしまうというふうになっている。

国家財政の問題から北海道に投入される公共事業費はどんどん減ってきているという状況であり、来年度以降さらに厳しい状況になることは避けられないと思います。

来年度以降始まります国ベースのインフラ整備の長期総合計画は五本あります。これがまさに改定時期を迎えているわけです。平成１５年度予算から改定がされる。今その改定の検討を予算編成を通じて行なっているわけですが、さらに総額としてこれを絞り込むという形になって参っております。当然のことですが、そのことは北海道に投入される金額も減少されていく。ただ、北海道に投入される公共事業関係費が削減されたとしても、今まで１５％から２５％しか地域に残らなかったその部分をもっと拡大させることができれば、例えば総額が3割程度削減されたとしても、今までの倍ぐらい地域に残るような事業のやり方ができるとすれば、それは北海道にとってはプラスになる。

従って、補助金等についても中央が決めた画一的な規格によって行なうのではなく、いろいろな事業の質とかを判断できる仕組みにしていかなければならないという点は当然あろうかと思います。

といいますのは、小泉政権で日本道路公団の問題が出ておりますが、それは特殊法人としてどうのこうのという問題ではありませんで、通常の道路と日本道路公団では比較して一キロ当たりのコストが少なくとも１０倍ぐらい違うという指摘がされています。この１０倍の価格、コストの違いというものをかけながら、北海道において１０倍のコストをかけただけの機能を発揮しているかどうかという問題が当然生じます。

ところが高速道路に投入した10倍の金額は北海道で投入した金額としてカウントされる。当然これは北海道地域として全体を通じての負担というものを行なっていかなければならない。機能という面でより優れたものを求めながら、そのコストというものを下げていく方法は、公共事業の中でもこれから幾らでも考えられる問題です。

高速道路に投入されたこの一桁違う公共事業費の場合には、さらに北海道に残る所得の部分が低いという現実があります。それは資材面の道外調達比率が非常に高く、この資金が道外に還流していってしまうという構造を持っています。北海道というのはある意味で言いますと公共事業については消化場所という性格づけを非常に強くしてしまった。

従って今回のそういった問題を克服していくためにも同質化を克服していく必要性がある。

2　同質化した資源による競争の限界

大規模工事を担える北海道企業の不在

「同質化した資源」による競争の失敗の例をあげさせていただきます。

先程来、公共事業の問題は指摘をさせていただいております。全国画一的な規格の公共事業によって、社会インフラを設定してきたことが、今、北海道を見ると非常に問題となってきている。問題を整理しますと、「資源の同質化」という問題と同時に北海道内に単独で社会インフラ整備なり大規模工事を担える建設企業が存在しないということです。これだけ多くの公共事業、土木建設事業を行ないながら、資金調達面も含めて、単独で一定の規模以上の事業を請け負える建設会社、土木会社がないという問題が起るわけです。

今まではスーパーゼネコンを中心とした下請け事業体制にのってきたことが、選択肢として非常によかった。しかしそのことによって資金量と技術力という面において自立をするだけの蓄積というものができなくなってしまったという問題です。道内でご承知のようにＰＦＩという、民間事業者がインフラ整備をやっていただきますという事業が展開されています。

現実に発注をしましたのは、るべしべ町の案件があります。それから札幌市がＰＦＩ事業について発注をかけます。札幌市の案件は億単位で三桁になりますので、非常に規模が大きいということが言えます。しかし、こうした案件に道内企業だけで対応するには限界があります。

この問題の重大な点は、道内のトップ企業も資金調達をすることに限界があることです。公共事業を大量に投入しても、地域としての体力に結び付いてこなかった。これは非常に残念なことで、単に道路をひいてそれを活用してこなかったという問題だけではなくて、地域の企業や金融というものを力強いものにするということに結び付いてこなかったということが極めて残念です。しかし、これからであってもこのことは成し遂げていくことはできる。

そうなりますと、必要なことは公共事業の発注方式であり、先程申し上げました補助金の問題について北海道のやり方をキチッと提示していくことだと思います。

それは戦術的なことになりますが、公共事業関係費、補助金をある程度削っていただいても結構です。しかし北海道の判断で作りたいものを作りたい方法でやらせていただくということであれば、徐々に道内に残る所得の部分の比率を上げることができる。その事が行なわれなければどんなに公共事業費をもってきたとしても、体力を強くすることはできません。

3　同じ資源による競争の失敗

同じ資源による競争の失敗の例を見ていきたいと思います。

①マイライン競争によるドコモの圧勝と敗北

まず、マイラインです。去年（二〇〇一年）の10月に、皆さんも「それぞれの電話会社を特定してください」、ということで申し込まれたと思います。その結果一番勝ったのがＮＴＴです。国際通話についてもＮＴＴです。ＮＴＴがなぜ勝ったのか、他の電話会社が同じ質で競争すれば、インフラ的に大きな規模を持っているＮＴＴが優位性を持っているという当然の結果と言えます。

しかし、ＮＴＴが、日本国内でシェアを伸ばしたあとに何が起っているか、グローバルな他の世界的な通信業界と同じ競争をしていく中で、ＮＴＴは極めて厳しい状況に陥っているわけです。それによって今はリストラを強化している。一方で例えば、フュージョンコミュニケーションズなどはインターネット電話はＮＴＴとは異質な資源で競争し利用者を伸ばしています。

②ポケットベル

昔、ポケットベルというのがありました。携帯電話によって壊滅的な打撃を受けまして、ほとんど全国から消えたのですが、関東には一社残っています。

ポケットベルは許可行政ですので、事業を廃止してポケットベル事業を行なわないということになると、作った施設を全部更地に戻さなければいけません。このため、多くの地域ではポケットベルの施設が失われました。関東地域では事業権が売買されて、あるベンチャー企業が買い受けました。なぜ買い受けたのか。ポケットベルというのは非常に低波数で飛ぶらしいのです。低波数で飛ぶものですからコンクリートとかを突き抜けて送ることができる。従って災害なんかが起った時に瓦礫とかの中に人がいるかを調べることができる。コンクリートの中で届かないところでも携帯電話にポケットベルの機能を持たせれば通話することができる。そういう点に着目し、これを買い受けて新しいビジネスを創造しようとする企業があります。ビジネスとしてどこまで成功するかはまだ未知数ですが、今まであった資源を大事にして逆に発想を変えてそれを活用していくというやり方です。

非常に安い値段で買い取って、それを新しいビジネスに展開するというやり方です。異なる資源を活用する。同じ資源でやりますとグローバル化の中でなかなか存続が望めない。

③AIR・DOの破綻とHACの健闘

それからAIR・DOがあります。AIR・DOは他の大手航空会社と同じようなフィールドの中で競争したため、残念ですが限界に達しました。この点については、当初から言われていたことで、価格競争から脱して異質な資源で競争できるかが問題だったのですが、変えられずに最後の段階に至ってしまったということです。

簡単にご紹介しますと、図1をご御覧下さい。これは需要と供給の関係をみたものです。当然価格が高ければ人は飛行機に乗らない。ですからニーズは小さい。だんだん価格が下がっていく

図１

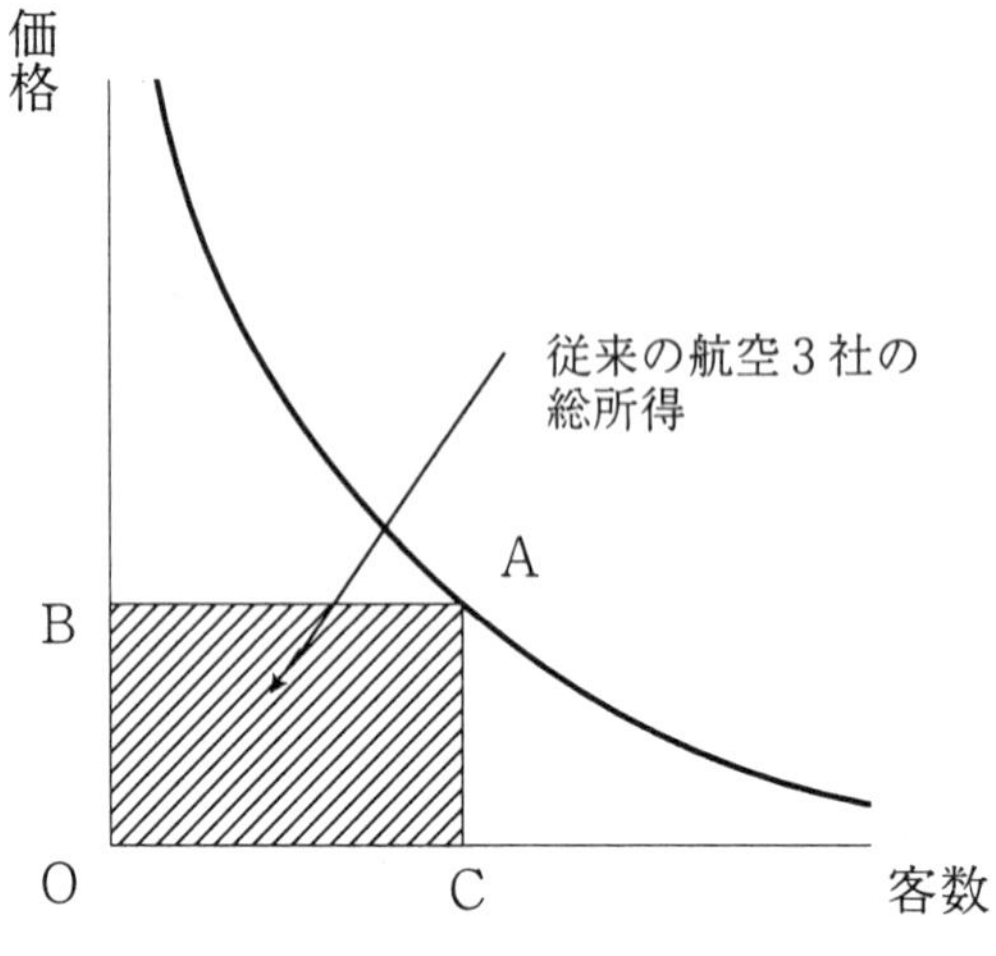

と人が乗ってきます、こういう価格と需要の関係をみたものです。

ＡＩＲ・ＤＯが参入する前の東京—札幌線の航空状況はどうだったかというと、ご承知のように固定料金でした。従ってＡＩＲ・ＤＯが参入される前の大手3社、今は2社になりましたが、東京—札幌線での全体の所得は人数×価格ですから、このＡ点のところに設定をされることになります。ＡＢＯＣが参入をする前の大手3社の東京—札幌線での所得です。

これに対して、参入の時に何が起ったかということですが、図2を書かさせていただきますと、今までの固定料金がＡＢだとしますと、参入した、例えばＡＩＲ・ＤＯの料金がＤと仮定しますと、これによって大手3社によります独占状態の価格形成とい

図2

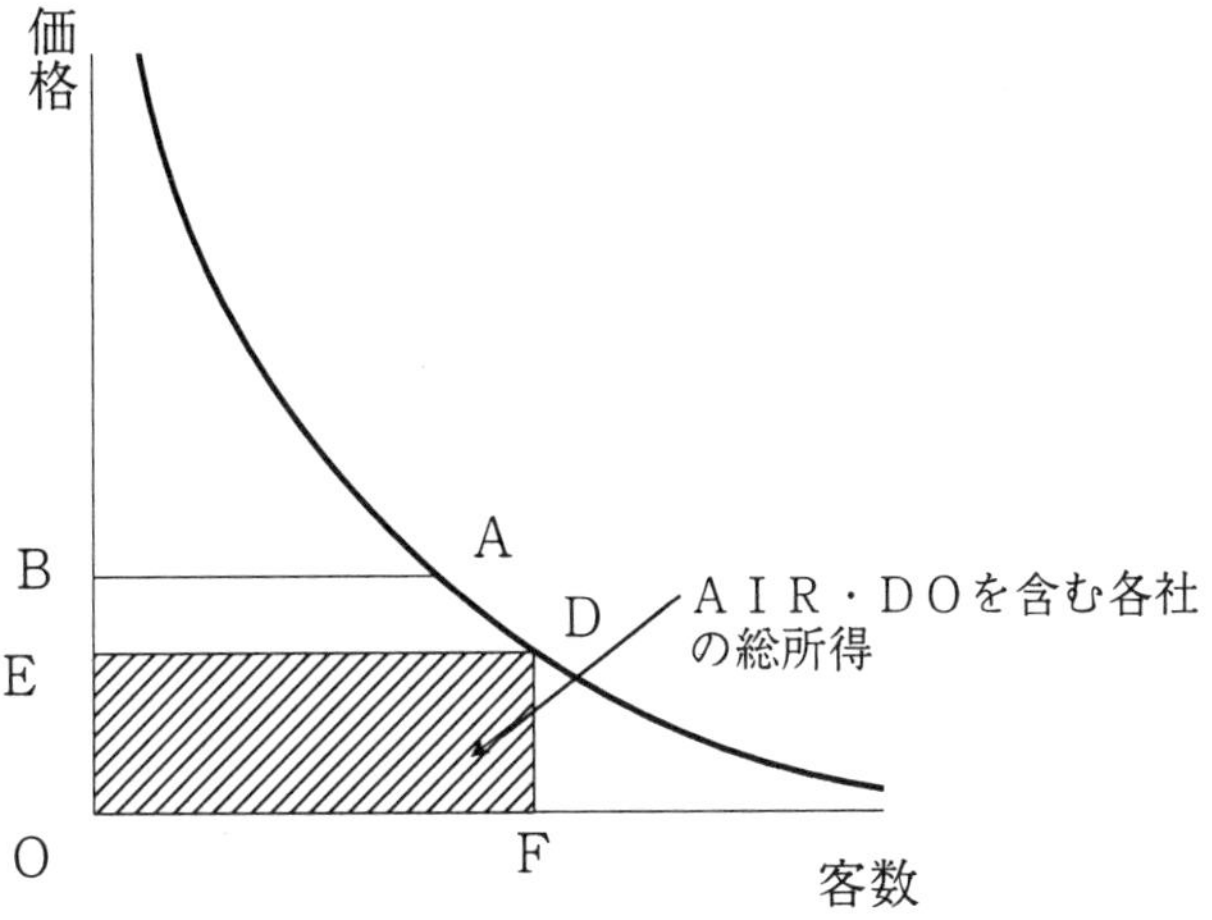

うものが崩れて、ＡＩＲ・ＤＯの価格に合わせなければならないという状況が発生しました。

従って、ＡＩＲ・ＤＯを含む４社の総所得はＤＥＯＦに今度は変化をします。利用人数も当然増えます。価格が下がっているわけですから乗る人の人数も増えてくるという構造になります。

ところがそのあとが非常に大きな問題になるわけです。といいますのは、このＤＥＯＦの構造から何が起ったかということです。価格形成が柔軟化されたということが重要なポイントになります。つまりＡＩＲ・ＤＯが参入したことによって東京―札幌線に市場というものが本当の意味で形成をされることになります。そうしますと今度はこの市場価格が航空料金をある程度自由に設定することができるようにします。その結果何が起ったか、今まで大手３社

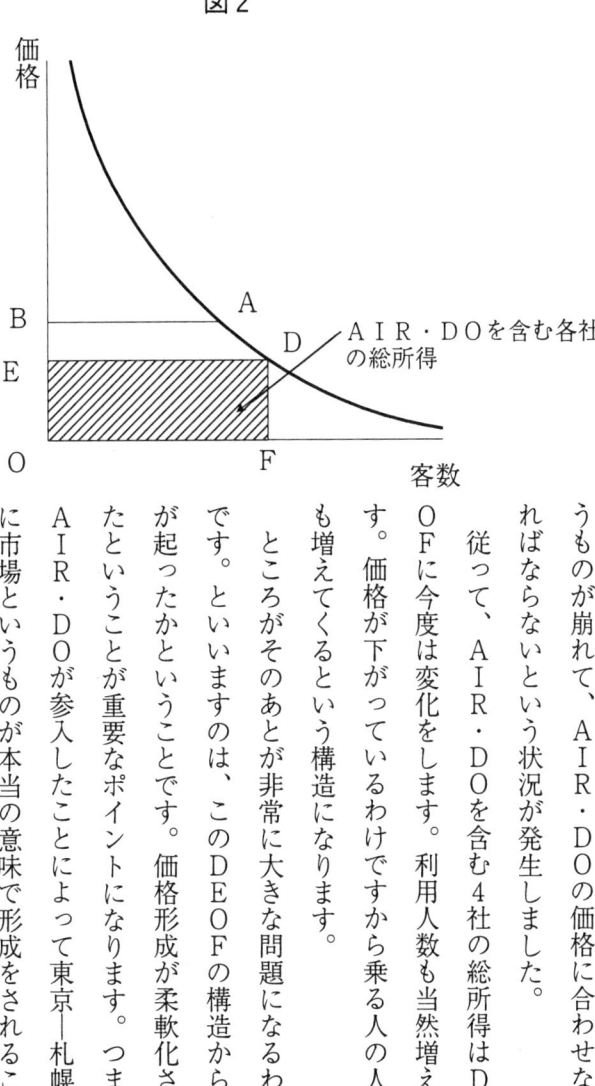

図3

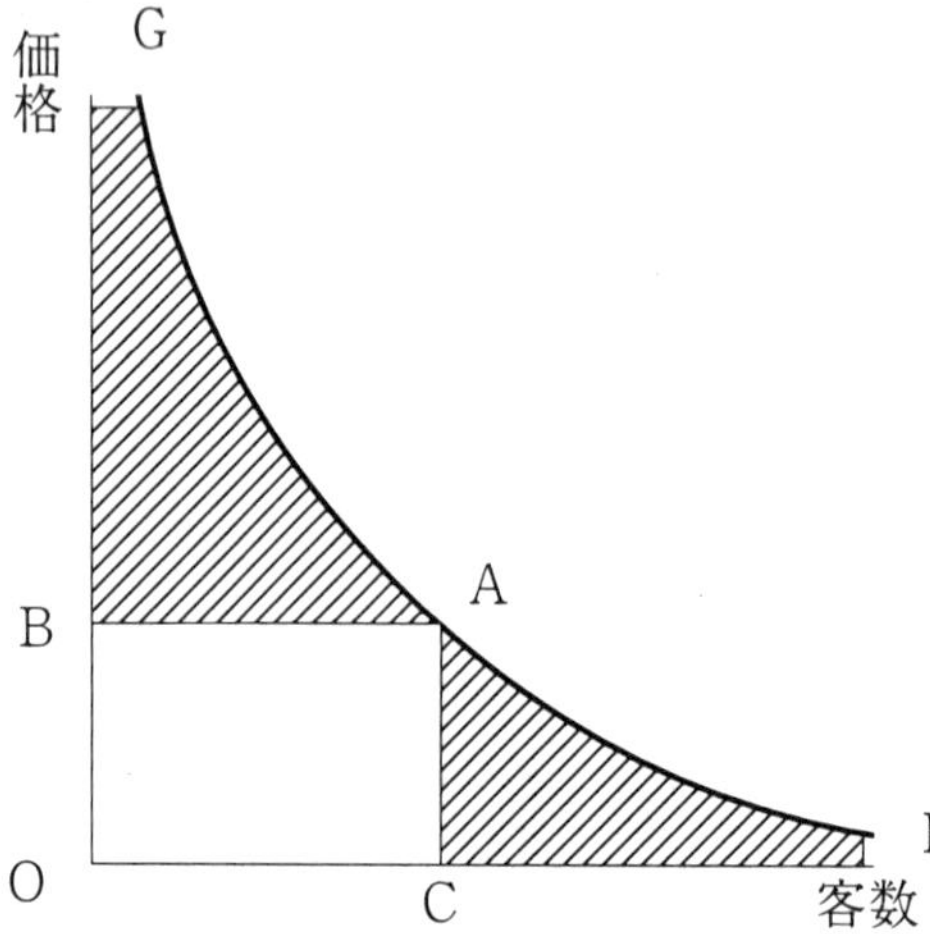

が欲しくても取れなかったところの所得を得ることができるようになったということです。それは二つありまして、図3のGABとACHにあるのです。

ＡＩＲ・ＤＯ参入前は固定料金制です。そうしますと例えば当日に千歳空港に行ったとしても基本的に料金は同じだった。つまり当日に高い航空料金を払っても乗りたいと思っている人達からはその料金を取ることができなかったということです。

ところで今はどうなっているかと言いますと、当日の料金というのはＡＩＲ・ＤＯ参入前より上がっていると思います。つまりその日に行って高い航空料金を払っても乗りたいという人達から、今まで取ることができなかった高い料金を得ることが大手は可能になりました。加えて、こうした層に対しては徹底的にマイレージを投入をしてリピーターとして

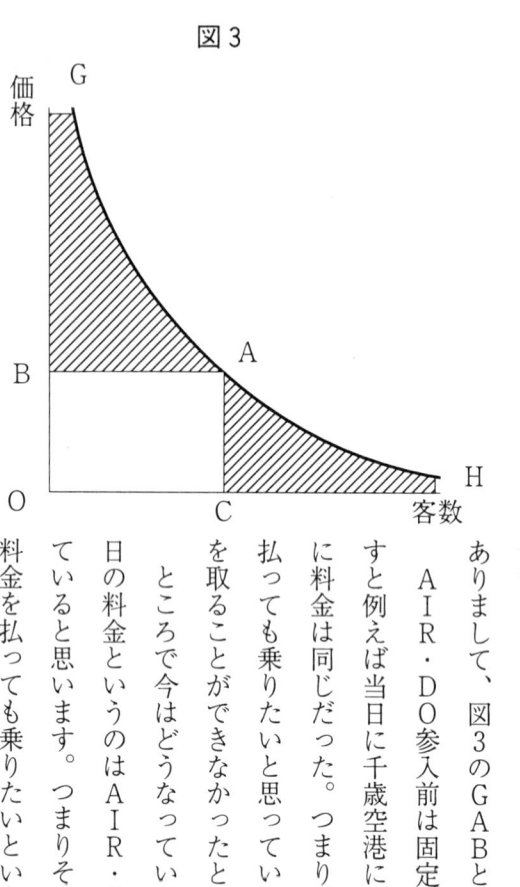

確保するという、方式を設定します。

もう一つは安い方、ここはどちらかというと今までパック料金等での設定が行われたところであり早い時期に購入してやすい料金であれば飛行機に乗りたいという人達を確保しました。結局ＡＩＲ・ＤＯはどちらの顧客も確保できず、大手３社はＡＩＲ・ＤＯが参入して価格がフレキシブルになったことによって、今まで確保できなかった二つの領域を確保し、所得を上げることができた。

この問題は同じような飛行機によって札幌―東京間を飛ぶという事をやってしまうと、結局ＡＩＲ・ＤＯの活動するべき領分というのは非常に狭くなってしまう。そして結局所得を伸ばしたところと競争関係というのはなかなか維持する事はできない。

例えば一方でＨＡＣは現状では黒字になっていると思います。これは大手と同じような規模の飛行機を使わないで小型の飛行機を使う事で展開をする。

ＡＩＲ・ＤＯの構造というのは、北海道の農業を考える場合でも同じです。大量生産で大量流通という中に入ってしまうと、どうしても価格競争という厳しい波の中にはいっていってしまう。価格競争の波にはいってしまうと、ＡＩＲ・ＤＯと同じ構図を起こしてしまうんです。

④石狩湾新港事業の限界

同じようなのが石狩湾新港です。石狩湾新港株式会社は、実質上債務超過ですが、石狩湾新港の場合には「苫東」と違いまして、実際に工場進出している比率は高いです。しかし、残念ながら、「苫東」と同じように利払い費とかがものすごくかかっている。

「苫東」と違うところは、土地を売却することでは黒字なんですが、利払い費を含めると全体では赤字の状況です。従って金利負担の部分を徹底して見直さなければならない。

この石狩湾新港の問題が特にここ数年間売却も含めて難しくなりましたのは、札幌市が石狩湾新港のすぐ近くにビジネス企業向けの用地を工業団地的に売却し始め、類似の競争が起ってきたという材料が出てきたことです。石狩湾新港も、これから、売却方式あるいは活用法など徹底して見直した中で、事業の再生を図っていかなければなりません。

こういう工業団地を再生するには、民事再生法はかなり難しい部分がある。といいますのは民事再生法は今までやってきた事業というものを一度整理をして新しい別の企業として事業を立ち直らせるものです。しかも別の事業としての資金面を明確にさせませんと、最終的に手続きを取ることができないわけですが、工業団地というういわゆる不動産売買業の場合には別のスキームを描くのは極めて難しい。せいぜいリース方式にするかどうかです。リース方式にしますと企業のコストが大幅に低下します。そうしますと企業としてのコスト負担が軽くなり、企業の立地というものが促進されるかもしれない。

ある意味でいいまして苦悩することが次の仕組みを作っていくことでありまして、非常に難しい側面はありますが、社会システムとして新しいことを生み出していくいい機会であるととらえることができる。

⑤不良債権ビジネス

石狩湾新港を初めとしましたこうした問題を通して、道央圏を中心として、これからの経済を考える時にもう一つ大きな課題があることに気づきます。それは不良債権ビジネスの問題だと思います。不良債権処理を進めていきますと、デフレが進行します。デフレというのは加速する側面を持ってまして、これをどう遮断するかというのが政策的に非常に重要な問題だと思います。

例えば石狩湾新港を例にとってみましても、リース方式にするという方法をとる、あるいはこれは財政的には非常に難しいのですが、北海道庁が土地を買い上げるといったことも選択肢としてはあると思います。ただ、それをやりますと石狩湾新港の土地の評価額が急落します。実勢価格が落ちますと、すでに買っている企業がその土地を担保として資金調達をしていますので、担保価値が落ちますから資金調達が難しくなるという問題が一方に出るわけです。今までの担保価値が下がりますから、企業は別の担保を提供しないと資金調達ができない。

不良債権ビジネス的なものが展開されますと、市場の価値というのが大きく下がりますので、従来の担保価値をベースとして資金が循環していた部分への手当てがどうしても必要です。その代替資金的な支援をどうやって行なうのかの問題は大きいといえます。

⑥農産物の競争力低下

それから次は農産物の競争力低下の問題です。

北海道は農業について非常に優位性を持っている。これは確かにその通りで、「異なる資源」を確立していくためには非常に重要だと思います。ところが、農産物について、競争力が落ちてきている原因は何なのかを考えてみますと、いわゆる大量生産、大量流通にあると思います。

これは細かくご紹介しなくても牛乳の問題から始まって、野菜の問題に至るまで、ご承知の通りです。安全性の問題をはじめとした別の資源を確保しない限りは価格競争によっては中国産とかとの間の競争関係を維持することはできないという問題がある。安全性といったようなことを徹底的に追及していきましょうということになれば、当然大量生産・大量流通に乗っけていくことは難しい。

東京の方でこういう議論をしたことがあるんです。少量生産・小循環という形で、地域の資源にあった生産を行ない差別化していく、それによって価格はある程度高くても買っていただけるような仕組みにしていきます。

日本はもともと、資源を使って少量生産をしてきていた。それが経済を成長させるために大量生産に移行していった。それによって所得を拡大させていったわけです。

非常に牧歌的に地域に根差したということを言うけれども、それではその時に今後大量生産・大量流通に移行していかないですむような仕組みとは一体何なんだ。どうしても所得を求めていこうとすると、これは大量生産・大量流通に乗っけていって、より多くを売っていく。しかしそうなると価格競争に負けてしまう。ここが北海道にとってクリアーされるかどうかが一番大きなポイントの一つだと思います。

やはり地域で生産したものを地域で消費するなり、あるいは買いたい人にとってみれば北海道に来て買っていただければいいんです。しかしそのことが当初においては明らかに所得に対しては制約要因になるということが、一定の期間は発生するかもしれない。

⑦道営競馬と中央競馬

最後は道営競馬についてです。最近全国で公営競馬がどんどんなくなっていっているのです。北海道競馬が他の地域の公営競馬と違うところは中央競馬と非常に類似した構造を持っているという点です。これは委員会で教わった通りに申し上げますが、他の公営競馬は3歳馬以降の馬が多いんだそうです。中央競馬から戻ってきたといいますか、中央競馬で使った3歳馬とか4歳馬とかが多い。

ところが北海道競馬の場合には中央競馬と同じように2歳馬3歳馬が圧倒的に多い。さらにレース的に言いますと、馬の質としては中央競馬と同じようなことができる。それが産地を抱えている北海道の最大の特色なのです。というのはご承知のように中央競馬にほとんどの馬を供給しているのは北海道ですから、結局北海道で使っている馬と中央競馬で使っているのは輸入馬以外はほとんど同じということです。何が違うのかというと、競馬事業が国に実質的に独占されているという点だけです。土日は全部中央競馬がやるということで決められている。

中央集権的社会システムの中でそれは優位性が発揮できないという問題が起ってくる。

⑧札幌「雪まつり」とコスト

札幌の雪祭にいった時に、たまたま来ていた大阪の人と一緒になったときのことです。「入場料をどこで払うんですか」と聞かれたんです。「いやこれは自由に見ていただいていいんですよ」と言いますと、「じゃあこの雪像はどういうお金で作ったのか」という話になりまして、「何でこんないいものを無料で出していくんだと、当然コストの負担だから入場料もきちんととって」と、言うんです。

おもしろいですね、入場料をとってそれで観光客が来なくなるくらいのものであれば、それはそこまでの質しかもたなかったのだということです。それは半分くらい頷けることなのです。札幌にとっては当たり前だと思っても入場料をどこで買うんだと言われて困ったことがある。

マーケティングに乗せていくところがあったとしてもいいのではないかというふうに思います。

II　北海道経済の環境変化

1　戦後５０年の成長要因

①右肩上がり経済→人口減少

次に、これまでみてきた北海道の中の状況を前提として、北海道の環境を考えた場合、まず、右肩上がり経済が終わって、いわゆる人口が減少していくという局面に入りましたという問題があります。

１億３千万人弱から６千万人に減っているという予測の中で、それでは日本全体として人口がどのように今後、地域に配分されていくのかという点が重要な問題になってまいります。

もちろん、先進国においては、人口が減少する局面になりますと、移民を受け入れるといったことをしているところも多々あります。ですから例えばアメリカの生産年齢人口というのは確か2010年代まで増え続けるという構造を持っているわけです。ただ、移民がいいかどうかという問題は別としましても、これから人口が減少していく局面では、ある意味で地域間競争によって人口をどのように確保していくのか、あるいは減るという構造に対してどういう対策を打っていくのかが非常に重要な問題だと思います。

そのことと同時に、今までは右肩上がりの経済で人口が増えるという中での経済政策をずっと取ってきた。ところがこれからは人口が減少する局面での経済政策を展開しなければならない。ですからGDPの総額を伸ばす必要性は基本的にはない。つまり人口が減っていくのであれば、GDP総額が横ばいであれば一人当たりの所得は増えるということです。

もっと極端に言えば、横ばいに保つことが大変だということで人口の減少よりも経済規模の減少の方がスピードが小さければ、一人当たりの所得は高いレベルに保つことができる。

要するに「付加価値を上げていきなさい」といった表現になってます。付加価値を上げるということは逆に言うと、価格競争だけを行なっていくわけではありませんと言うことになる。今まではどうしても資源の同質化を図って価格競争の方に北海道内が向いてきたと思います。それを見直しすることです。

②閉鎖的金融市場　→金融改革

次に、閉鎖的金融市場の問題です。金融システムというのは、規模が大きくなればリスクが小さく安定的となるかというと、そうではないということです。都市銀行が合併を行なったとしてもそれだけで都市銀行の経営力が強化されたということではないということです。ですから財投改革議論でも、大きくするだけでなく、一定規模の下で地域的分割して地域財投にしたらどうかという議論があります。

今は、皆様が北海道の郵便局に預けた貯金は全部東京に持って行って、東京の総務省（旧郵政省）から財務省理財局に移り、そこで国の規格に基づく画一的な資金として配分されるわけです。つまり皆さんが北海道の中で貯蓄をされた資金を中央集権型の画一的な資金になって使われている。

それであれば、例えば道内で集まった郵便貯金の全額とは言わないまでも一定割合は道内の規格で再投資できないかということです。ただその時には郵貯で資金調達した資金のコストは高いため、当然地域金融としてのコストは若干の高くなります。しかし地域金融としてのコストは高いけれども自由に使える資金として投入された方が事業展開としてはやりやすいということです。要するに金利コストが低くても中央の画一的なものであれば、本来必要のないところにも投資をしなければならなくなり、全体としてコストが、高いものになってしまうということです。

2　グローバル化の進展とデフレ圧力（過去の改革期とのちがい）

(1)「グローバル化」と「国際化」の違い

グローバル化というのは簡単に言いますと、国家の枠を超えて経済資源等を移動させることです。従って、グローバル化の場合には国境を取り払い、経済資源の移動をスムーズにしましょうということです。グローバル化という政策が今先進国の中では非常に強く行なわれている。

このグローバル化の中で大きな影響力を持っているのがアメリカであり、アメリカンスタンダードであるということはよく言及されます。その点はともかくとしまして、グローバル化というのは国家の枠組を超えた経済資源等の移動であるということになりますので、今までと違いまして、霞ヶ関がオールジャパンとして一国を単位に考える政策や制度の有効性が極めて低下をしていくということです。

今までは経済活動に対して国という単位で基本的に統治をしてきましたから、国が制度設計をして政策を展開すれば、自らの領域内に執行するわけですので、極めて有効に働いた。ところが今日の経済活動というのは国を超えて、経済資源が移動します。国が自らの単位で有効に活用できると考えた政策や制度の有効性が極めて落ちてきてしまっているということです。

①小さすぎるし大きすぎる問題

一国単位の政策制度というものは小さすぎるし大きすぎるという問題が起ってきます。

小さすぎる典型は「環境政策」です。一国で環境政策をやってもなかなか有効に機能できない。地域全体として行なわなければならない。

大きすぎるというのは、明らかに地域の特性にあった政策が打ち出せないということです。国という今までの単位で考えてきた政策制度の有効性が劣ってきているということです。

ですから霞ヶ関はある意味で必死になっている。今回の外務省の問題ですとか農林省の問題は、官僚の問題であると同時に、グローバル化という問題の中で、今までの一国単位の政策というものの有効性が壊れ始めてきているという問題だということです。

それでは今日のグローバル化を規定している「物差し」は何かと言いますと、「市場原理主義」、「非効率性の非合法化」です。

「効率化」の前提としましては、「市場原理主義」があります。「市場を通じて資源配分を徹底して行ないなさい」「資源配分は公的部門に依存するのではなくて、市場を中心としてできるだけやりなさい」ということを意味します。

もう一つは非効率性の排除です。ここで問題なのは「何が非効率なのかを測る物差しは一体何ですか」ということです。

グローバル化、つまり世界全体を同質化しようとする「物差し」で測れば当然地方にある「異なる資源」に対して投資をするということは非効率ということになります。

グローバル化というのは、国や地方自治体といった地域を限定した活動をだんだん排除していこうとするもので、そういう地域限定型の活動には経済資源を投入することはなかなかできない、そういう意味なのです。従ってそういうものを取り除いて全世界を同質化すれば経済資源は流通しやすい。従って地域限定型の活動に対しては厳しい視線を向けることになります。

②持ちたい地域のローカルスタンダード

地方自治体の地域限定型の活動は、まさに「異なる資源」を中心として行なうべき活動である。これに対してグローバル化という全世界的に同質化をしようとする物差しを当てはめれば、地域限定型活動は全部非効率であるという結論が出ます。

地方自治体が行なっている政策評価に効率性ということが出てきますが、その時に持たれている効率性という「物差し」はいったい何なのかということを明確にしていく必要性がある。地域のローカルスタンダード、地域にある資源に徹底的に特化した物差しというものを一方では持ちませんと、どんどんグローバル化する中で、地域にあるものというのは「非効率」だという形で排除されていく側面を持ってます。

グローバル化という問題を国内的視点でみれば、冒頭に申し上げました東京を中心とする画一的な公共事業によって起った資源の同一化というのと同じようだと思います。

(2) ９０年代グローバル化の背景

①中国を中心とするアジアからのデフレ圧力の増大

グローバル化の問題は、世界全体の同質化を進めていくということと同時に、もう一つ我が国において重要な問題は中国を中心とするアジアからのデフレ圧力です。これは極めて強いものがあるというのはご承知の通りです。

農産物においても、「安全性」ということで徹底していける部分があればそれは別ですが、「価格競争」という面だけで動きますと、極めて安い農産物が入ってきている。工業製品でも同じだと思います。

ということは、このグローバル化という問題は価格競争だけに徹していってしまうと、アジア地域の製品の質が高くなってくる中で、日本国内においてその価格競争に優位性を持てる部分は非常に小さくなってきてしまう。このデフレ圧力というものは単に国内だけの問題ではなくて、アジア全体から受ける我が国の外圧要因として受け止めていかなければならない問題だと思います。

②グローバル化と地方分権

ローカルスタンダードの重要性ということをやはり徹底して考えていかないといけないと思います。グローバル化を進めていくということはアメリカやヨーロッパと同じような物差しの中で経済活動をするということですから、もしそれをやるのであればグローバルスタンダードを自ら制定しなければ優位性を保つことは非常に難しいです。極端に言うと世界の物差しを自らつくることです。

東京は東京で規制緩和して徹底してグローバル化をしていただくのはいいことだと思います。それは必要なのかもしれません。であれば北海道や東北とか他の地域は徹底的にローカルスタンダードという形で「異なる資源」に特化した形での経済政策を一方では打つ、ということをしておきませんと東京が動かなくなった時に補完しあえる地域が資源というものを失っていってしまう。日本全体がおそらく機能しないといったような事も起ってきてしまう。ですからこれは北海道経済の問題だけではなくて、日本経済全体の資源配分の問題である。「異なる資源」をそれぞれの地域でキチッと形成する中で、グローバル化の中の戦略を練っていくということです。

ですから、これは話がずれますが、財源移転というのも当然一国の中ではどんどん均一化していってしまうのであれば極めて一国の経済にとってリスクの高いものになる危険性を持っている。日本でいうと今までの「資源の同質化」というのがそういうものです。「資源の同質化」という場合、いつも北海道というのは東京とか本州と同じ資源で競争をしてますからせっかく日本全体といいますか東京とか本州が景気がよくなっても北海道の景気がよくなるのは6か月ぐらいあとになってからです。それは同じ資源で競争していればどうしてもそういう結果になってしまう。将来に向かってそれを繰り返していってしまうというのは非常にもったいない。

III　北海道経済のチャンス

1　適正規模

いかと思っています。

適正規模の中でのローカルスタンダードの形成という面では、北海道は極めていい規模ではないかと思っています。

日本は行政依存の強い国家とかあるいは北海道は行政依存が強かったと、そのことを逆にみてみますと、世界の経済の仕組みとは非常に違った仕組みを持っていたということを意味するわけです。今はその「仕組み」をグローバル化の中でどんどん世界と同じにしていきましょうということが市場のメカニズムの中から強くはたらいている。

しかし、日本の経済規模は一国の単位ではアメリカに次ぐ極めて大きな経済規模を持っています。完全に同質化してしまうということをしますと、この経済規模に対する海外企業からの我が国に対する参入の要求というのは極めて大きいと言えます。

コンセッション契約

最近生じた出来事として水道事業の問題があります。制度議論の中で大きな焦点となっているのは公営で行なわれている水道事業の民営化、民間参入です。札幌市も含めて水道事業というのは公営で行なわれているところが圧倒的に多いわけですが経営的には非常に厳しい状況になってきているということもまたご承知の通りです。

その公営で行なわれている水道事業を民間にお願いする、これは完全な民営化というのではなくて、フランス等で行なわれているいわゆるコンセション契約といわれているものがあります。施設は全部「官」がそのまま保有するけれども経営等は民間事業体に全部任せる。今までのような外部委託とかいうやり方ではなくて、施設は提供してあとの経営的なことは全部自己責任でやってくださいというのがコンセション契約です。

他国の水道事業などは7割ぐらいそういったやり方をしているわけです。

我が国におきましても水道事業についてはこの「民間化」ができるように、水道法の改正も行なわれている。この水道事業の「民間化」、民営化ではなくて「民間化」という問題に対して、危機感を持っているのは「官」という水道事業の中に閉鎖的に存在してきた民間企業です。

今のような行政を主体とした閉鎖的な業界のままですと、今後グローバル化という流れが強まって、フランスとか海外の企業が参入をしてきたときに対応できる競争力が全くない状況に陥るということです。フランスではもう日本の水道事業の民営化を見越して、水道事業者が日本向けの水道事業会社を設立して、そこのトップに日本人を連れて行こうというような会社が複数できている。

ニュージーランドというところは、経済規模がそれ程大きくないという中でグローバル化による海外企業の進出を乗り越えてきた。

小さい経済規模のところよりは、大きな経済規模のところに投資をした方が投資という概念からいえば効率は高い。リターンが大きいのですが、経済規模は単に大きくすればいいのかといいますと、無秩序に大きくしていくと、グローバル化の中では逆に弱い側面を持ちやすい。北海道でローカルスタンダードを確立する中で、グローバル化に向けた戦略を展開していくというスタイルを明確に選ぶことが日本の場合には必要になるということだと思います。

2 「官」の中にある資源の活用 ―「異質の資源」の存在

それから「異質の資源」ですが、北海道は行政依存が高いということが言われるわけですが、それは逆に行政の中にいろんな資源が存在するということでもある。行政の中に資源を抱え込んできている面がある。これはドイツの事例なんかをみてもそうなんですが、ドイツの行政の中にあった人的資源や物的資源を活用しながらこれを民間で利用していくというやり方をしています。

これからの北海道は、いろいろな意味で行政改革等を進めていただかなくてはならないわけですが、公共サービスとして徹底して「官」が直営でやっていただかなければならないものもありますが、公共サービスというのは行政に独占されるべきではなくて、住民の方にお願いできるものもあれば、民間企業にお願いできるものもある。あるいは、もう必要ないものもあるかもしれない。このとき「官」の中に持っていた「異なる資源」を民間側に移転することによって新しいビジネスを展開するという時代になってくる。

それはイギリスではサードパーティビジネスといわれているものです。これの典型的な例は、郵便貯金事業です。

イギリスの郵便局は我が国と同じように官営で行なっていますが、これを確か１５年間の期限を区切って、組織全体を民間にお願いする。日本のように職員研修として民間に出すのではなくて、組織体全部を一定期間民間に経営を委ねる。そして期間が終わったならば「官」の方に戻す。これによって、組織全体で民間的な研修を行なうというやり方をしています。

一方でこれを引き受けた民間の方の意向をみてみますと、「官」側が持っていたいろいろなノウハウや資源を活用して新しいビジネスが展開できるという点に着目している。

これは「官」側が持っていた情報やコネが知りたいとかいう話ではなくて、「官」側が持っているいろんな資源があります。行政の中にいますとなかなかそういうものが見えずらいのですが、いろんなものがあってそういうものを活用して新しいビジネスに結び付けていく形で「官」側もメリットを受け、民間側もメリットを受けるというものです。

これは実はＰＦＩの一つです。ＰＦＩと言いますとすぐ公共事業のためと考えやすいですが、一定の期間、民間側に公共サービスの提供を委ねるということで、公務員の研修を果すのもＰＦＩです。公務員が研修を受けて組織の体質を変えるということについてもＰＦＩが活用できるのです。

3　小循環構造の形成

悪循環を断つ制度改革

循環構造の形成、これが非常に重要なことだと思います。

例えば牛乳一つとってみても今までは小循環での流通というのは基本的に認められてこなかった。従って有機農法等で牧草を作って牛を飼って牛乳を生産したとしても、大量生産の中で大型のタンクローリーの中に他のものと一緒くたに混ぜて流通させないとコストが非常に高いという問題を起こしている。

そうではなくて小循環という構造の中で作って差別化をしていって、本当に必要な人は来て買ってくださいといった概念というのも戦略として考えてくことではないかと思います。

このことは観光においても全く同じです。北海道の観光というのは本当に残念ですけれども自然環境以外には差別化がつかない。それは価格競争をやっているということだと思います。

北海道地域としてローカルスタンダードにねざした価値というものを最大限発揮できるようなシステムというか制度といったようなものを、経済システムも含めて、どんどん国も含めて提示をしていくことだと思います。その提示をする時には単に今まで通り財政資金を繰り入れてほしいということではなくて、全体的に厳しい状況にあるわけですから、例えば補助金はある程度削減していただいてもいいけれどもいろんな制約は全部取り除いていただきたい。

そうすれば繰り返しになりますが、地域に残る所得が増える。そういった仕組みがあれば国家財政の方も負担というのは減り地域に残る所得も増える。確かに今までと違った仕組みにしていかなければならないわけですから、当初は最大の努力が必要になると思います。しかしそのことが本当の意味での自立であろうと思います。

4　「官」依存の利点

最後に、戦略ある社会インフラ整備の問題です。

道路公団の問題は特殊法人を民間に移す時にはどうあるべきかの問題ではなくて、社会インフラ整備がどうあるべきかの問題なのです。

道路公団民営化の議論がされているわけですが、組織をどうするかは本質の問題ではないということです。道路公団の問題を決定づけるのは道路法を改正できるかどうかです。道路法の改正ができれば道路公団というのを大きく変えることができますし、逆に道路公団の民営化というものが形として行なわれたとしても、道路法を改正できなければこの問題を本質的に変えることはできない。

我が国の道路整備は、道路法というものに基づいて一般道路から高速道路に至るまで律せられています。

(1) 道路法 ―無償使用の原則

道路法の一つの原則は「無償使用の原則」です。つまり道路というのは誰でも無償で使えるという原則です。これは高速道路に至るまで全部かぶっています。ですから高速道路は原則として投資資金を回収したならば最終的には無償にしますよということをずっと言ってきた。

この「無償使用の原則」があるという中で道路を作るのであれば、原則として、国が中心となってその計画を立て資金を投入しますという仕組みになっている。ですからこの道路法におきます「無償使用の原則」が根本を律する命題になります。

この道路公団の問題の大きなポイントは二つの組み方があります。

①事業法を作る

一つは、道路法はこのままにしておいて、高速道路や有料道路についての事業法を作る。それはどういうことかというと、国鉄を民営化する時にも民間鉄道の事業がすでに存在したわけです。従ってそれと同じような枠組のところに出ていけばよかった。ところが、高速道路の場合は統合によって国や地方自治体が完全に管理しなさい、ごく例外的な経緯によって民間という部分がありますが、本質的には全部国や地方自治体が運営しなさいということになっている。ということは、道路公団の民営化に伴ってこの道路法の在り方を変えるのであれば、その事業法を制定しなければなりません。

②一般道路―事業法、生活密着道路―道路法

もう一つの選択肢は、道路法は生活密着道路、それから一般道路は事業法と住み分けを徹底する。全部を事業法にして民間にはできない生活道路について道路法を残す。

特殊法人対策の問題は、実は道路の機能をどういうふうに考えるのかというのが本質的な議論であって、道路法と道路事業法をどうするかというところに問題がある。これはなぜ必要かと言いますと、もしこの形にすると、事業法の方には道路公団だけではなくて他の民間事業体も入れることに当然なります。そうしますと日本の道路の設定の仕方が当然違ってきます。当然これは民間企業が入れるようになりますからこれも影響を受ける。今回の道路公団の問題というのはそういう新規のインフラ整備の観点からみますと、道路法をどういうふうに制定していくのかの問題が一番本質の問題というふうにとらえることができる。

(2) 「異なる資源」を重視　ローカルスタンダードの形成

この問題は結局は何かといいますと、今回の北海道で取り組んでいる経済特区の問題ですとかも北海道の特性を生かした形での地域全体として今までの中央集権型のものを外していく中で、新たに地域の価値をキチッと制度設計するということです。ですから経済特区にして単に中央集権型のものをはずしただけでは、海外との新たな競争関係で優位性を発揮できるとは限らない。従って経済特区の場合には、当然のことですが、国からの画一的なことを外すと同時に、自らの特性を最大限に引き出せるような制度設計というものをしていくことが求められていきます。

北海道全体としてやはり「異なる資源」というのをそれぞれの地域で競い合って行けるような制度設計というものをしていく重要な時期にかかってきている。むしろ今はチャンスだと思います。

北海道を取り囲んでいる環境は、グローバル化というのがあります。このグローバル化によって「資源の同質化」に向いていってしまいますと、非常に厳しい構造になってしまう。従ってグローバル化の対応というのは当然必要ですが、北海道にある「異なる資源」というものを極めて重視した中でのローカルスタンダードを政策に形成していく、そしてそれぞれの地域に応じてもっとも重要とする価値観は何なのかを問い掛ける中で、政策というのを打ち立てていくことが必要です。

（本稿は、二〇〇二年六月十五日、北海学園大学三号館四一番教室で開催された地方自治土曜講座での講義記録に一部補筆したものです。）

著者紹介

宮脇　淳（みやわき・あつし）
北海道大学大学院法学研究科教授

一九五六年生まれ。日本大学法学部卒業。参議院事務局、経済企画庁物価局物価調査課、参議院予算委員会調査室、株式会社日本総合研究所主任研究員、北海道大学法学部教授、二〇〇〇年四月から現職。

主な著書　「財政投融資の改革」（東洋経済新報社）。「財政システム改革」（共著、日本経済新聞社）、「図説・財政のしくみ」（東洋経済新報社）、「行政財政改革の逆機能」（東洋経済新報社）「公共経営の創造」（ＰＨＰ）など。

刊行のことば

「時代の転換期には学習熱が大いに高まる」といわれています。今から百年前、自由民権運動の時代、福島県の石陽館など全国各地にいわゆる学習結社がつくられ、国会開設運動へと向かう時代の大きな流れを形成しました。学習を通じて若者が既成のものの考え方やパラダイムを疑い、革新することで時代の転換が進んだのです。

そして今、全国各地の地域、自治体で、心の奥深いところから、何か勉強しなければならない、勉強する必要があるという意識が高まってきています。

北海道の百八十の町村、過疎が非常に進行していく町村の方々が、とかく絶望的になりがちな中で、自分たちの未来を見据えて、自分たちの町をどうつくり上げていくかを学ぼうと、この「地方自治土曜講座」を企画いたしました。

この講座は、当初の予想を大幅に超える三百数十名の自治体職員等が参加するという、学習への熱気の中で開かれています。この企画が自治体職員の心にこだまし、これだけの参加になった。これは、事件ではないか、時代の大きな改革の兆しが現実となりはじめた象徴的な出来事ではないかと思われます。

現在の日本国憲法は、自治体をローカル・ガバメントと規定しています。しかし、この五十年間、明治の時代と同じように行政システムや財政の流れは、中央に権力、権限を集中し、都道府県を通じて地方を支配、指導するという流れが続いておりました。まさに「憲法は変われど、行政の流れ変わらず」でした。しかし、今、時代は大きく転換しつつあります。そして時代転換を支える新しい理論、新しい「政府」概念、従来の中央、地方に替わる新しい政府間関係理論の構築が求められています。

この講座は知識を講師から習得する場ではありません。ものの見方、考え方を自分なりに受け止めてもらう。そして是非、自分自身で地域再生の自治体理論を獲得していただく、そのような機会になれば大変有り難いと思っています。

「地方自治土曜講座」実行委員長
北海道大学法学部教授　森　啓

（一九九五年六月三日「地方自治土曜講座」開講挨拶より）

地方自治土曜講座ブックレットNo. 83
北海道経済の戦略と戦術

2002年11月10日　初版発行　　　定価（本体800円＋税）

著　者　　宮脇　淳
企　画　　北海道町村会企画調査部
発行人　　武内　英晴
発行所　　公人の友社
〒112-0002　東京都文京区小石川5－26－8
TEL 03－3811－5701
FAX 03－3811－5795
振替　00140－9－37773

公人の友社のブックレット一覧

(02.10.25現在)

「地方自治土曜講座」ブックレット

No.1
現代自治の条件と課題
神原勝　[品切れ]

No.2
自治体の政策研究
森啓　600円

No.3
現代政治と地方分権
山口二郎　[品切れ]

No.4
行政手続と市民参加
畠山武道　[品切れ]

No.5
成熟型社会の地方自治像
間島正秀　[品切れ]

No.6
自治体法務とは何か
木佐茂男　[品切れ]

No.7
自治と参加アメリカの事例から
佐藤克廣　[品切れ]

No.8
政策開発の現場から
小林勝彦・大石和也・川村喜芳
[品切れ]

No.9
まちづくり・国づくり
五十嵐広三・西尾六七　500円

No.10
自治体デモクラシーと政策形成
山口二郎　500円

No.11
自治体理論とは何か
森啓　[品切れ]

No.12
池田サマーセミナーから
間島正秀・福士明・田口晃　500円

No.13
憲法と地方自治
中村睦男・佐藤克廣　500円

No.14
まちづくりの現場から
斎藤外一・宮嶋望　500円

No.15
環境問題と当事者
畠山武道・相内俊一　500円

No.16
情報化時代とまちづくり
千葉純・笹谷幸一　[品切れ]

No.17
市民自治の制度開発
神原勝　500円

No.18
行政の文化化
森啓　600円

No.19
政策法学と条例
阿倍泰隆　600円

No.20
政策法務と自治体
岡田行雄　[品切れ]

No.21
分権時代の自治体経営
北良治・佐藤克廣・大久保尚孝
600円

No.22
地方分権推進委員会勧告とこれからの地方自治
西尾勝　500円

No.23
産業廃棄物と法
畠山武道　600円

No.25
自治体の施策原価と事業別予算
小口進一　600円

No.26
地方分権と地方財政
横山純一　[品切れ]

No.27
比較してみる地方自治
田口晃・山口二郎　600円

No.28
議会改革とまちづくり
森啓　400円

No.29
自治の課題とこれから
逢坂誠二　400円

No.30
内発的発展による地域産業の振興
保母武彦　600円

No.31
地域の産業をどう育てるか
金井一頼　600円

No.32
金融改革と地方自治体
宮脇淳　600円

No.33
ローカルデモクラシーの統治能力
山口二郎　400円

No.34
政策立案過程への「戦略計画」手法の導入
佐藤克廣　500円

No.35
98サマーセミナーから「変革の時」の自治を考える
神原昭子・磯田憲一・大和田建太郎
600円

No.36
地方自治のシステム改革
辻山幸宣　400円

No.37
分権時代の政策法務
礒崎初仁　600円

No.38
地方分権と法解釈の自治
兼子仁　400円

No.39
「近代」の構造転換と新しい「市民社会」への展望
今井弘道　500円

No.40
自治基本条例への展望
辻道雅宣　500円

No41
少子高齢社会と自治体の福祉法務
加藤良重　400円

No.42
改革の主体は現場にあり
山田孝夫　900円

No.43
自治と分権の政治学
鳴海正泰　1,100円

No.44
公共政策と住民参加
宮本憲一　1,100円

No.45
農業を基軸としたまちづくり
小林康雄　800円

No.46
これからの北海道農業とまちづくり
篠田久雄　800円

No.47
自治の中に自治を求めて
佐藤　守　1,000円

No.48
介護保険は何を変えるのか
池田省三　1,100円

No.49
介護保険と広域連合
大西幸雄　1,000円

No.50
自治体職員の政策水準
森啓　1,100円

No.51
分権型社会と条例づくり
篠原　一　1,000円

No.52
自治体における政策評価の課題
佐藤克廣　1,000円

No.53
小さな町の議員と自治体
室崎正之　900円

No.54
地方自治を実現するために法が果たすべきこと
木佐茂男　[未刊]

No.55
改正地方自治法とアカウンタビリティ
鈴木庸夫　1,200円

No.56
財政運営と公会計制度
宮脇淳　1,100円

No.57
自治体職員の意識改革を如何にして進めるか
林嘉男　1,000円

No.58
北海道の地域特性と道州制の展望
神原勝　[未刊]

No.59
環境自治体とＩＳＯ
畠山武道　700円

No.60
転型期自治体の発想と手法
松下圭一　900円

No.61
分権の可能性
―スコットランドと北海道
山口二郎　600円

No.62
機能重視型政策の分析過程と財務情報
宮脇淳　800円

No.63
自治体の広域連携
佐藤克廣　900円

No.64
分権時代における地域経営
見野全　700円

No.65
町村合併は住民自治の区域の変更である。
森啓　800円

No.66
自治体学のすすめ
田村明　900円

No.67
市民・行政・議会のパートナーシップを目指して
松山哲男　700円

No68
アメリカン・デモクラシーと地方分権
古矢旬　[未刊]

No.69
新地方自治法と自治体の自立
井川博　900円

No.70
分権型社会の地方財政
神野直彦　1,000円

No.71
自然と共生した町づくり
宮崎県・綾町
森山喜代香　700円

No.72
情報共有と自治体改革
ニセコ町からの報告
片山健也　1,000円

No.73
地域民主主義の活性化と自治体改革
山口二郎　600円

No.74
分権は市民への権限委譲
上原公子　1,000円

No.75
今、なぜ合併か
瀬戸亀男　800円

No.76
市町村合併をめぐる状況分析
小西砂千夫　800円

No.77
自治体の政策形成と法務システム
福士明　[未刊]

No.78
ポスト公共事業社会と自治体政策
五十嵐敬喜　800円

No.79
男女共同参画社会と自治体政策
樋口恵子　[未刊]

No.80
自治体人事政策の改革
森啓　800円

No.81
自治体とＮＰＯとの関係
田口晃　[未刊]

No.82
地域通貨と地域自治
西部忠　[未刊]

No.83
北海道経済の戦略と戦術
宮脇淳　800円

No.84
地域おこしを考える視点
矢作弘　700円

「地方自治ジャーナル」ブックレット

No.1
水戸芸術館の実験
森啓・横須賀徹 1,166円 [品切れ]

No.2
政策課題研究の研修マニュアル
首都圏政策研究・研修研究会
1,359円

No.3
使い捨ての熱帯林
熱帯雨林保護法律家リーグ 971円

No.4
自治体職員世直し志士論
村瀬誠　971円

No.5
行政と企業は文化支援で何ができるか
日本文化行政研究会　1,166円

No.6
まちづくりの主人公は誰だ
浦野秀一・野本孝松・松村徹・
田中富雄　1,166円　[品切れ]

No.7
パブリックアート入門
竹田直樹　1,166円

No.8
市民的公共と自治
今井照　1,166円

No.9
ボランティアを始める前に
佐野章二　777円

No.10
自治体職員の能力
自治体職員能力研究会　971円

No.11
パブリックアートは幸せか
山岡義典　1,166円

No.12
市民がになう自治体公務
パートタイム公務員論研究会
1,359円

No.13
行政改革を考える
山梨学院大学行政研究センター
1,166円

No.14
上流文化圏からの挑戦
山梨学院大学行政研究センター
1,166円

No.15
市民自治と直接民主制
高寄昇三　951円

No.16
議会と議員立法
上田章・五十嵐敬喜　1,600円

No.17
分権段階の自治体と政策法務
松下圭一他　1,456円

No.18
地方分権と補助金改革
高寄昇三　1,200円

No.19
分権化時代の広域行政
山梨学院大学行政研究センター
1,200円

No.20
あなたのまちの学級編成と地方分権
田嶋義介　1,200円

No.21
自治体も倒産する
加藤良重　1,000円

No.22
ボランティア活動の進展と自治体の役割
山梨学院大学行政研究センター
1,200円

No.23
新版・2時間で学べる「介護保険」
加藤良重　800円

No.24
男女平等社会の実現と自治体の役割
山梨学院大学行政研究センター
1,200円

No.25
市民がつくる東京の環境・公害条例
市民案をつくる会　1,000円

No.26
東京都の「外形標準課税」はなぜ正当なのか
青木宗明・神田誠司　1,000円

No.27
少子高齢化社会における福祉のあり方
山梨学院大学行政研究センター
1,200円

No.28
財政再建団体
橋本行史　1,000円

No.29
交付税の解体と再編成
高寄昇三　1,000円

No.30
町村議会の活性化
山梨学院大学行政研究センター
1,200円

No.31
地方分権と法定外税
外川伸一　800円

No.32
東京都銀行税判決と課税自主権
高寄昇三　1,200円

No.33
都市型社会と防衛論争
松下圭一　900円

朝日カルチャーセンター
地方自治講座ブックレット

No.1
自治体経営と政策評価
山本清　1,000円

No.2
ガバメント・ガバナンスと行政評価システム
星野芳昭　1,000円

No.3
三重県の事務事業評価システム
太田栄子　[未刊]

No.4
政策法務は地方自治の柱づくり
辻山幸宣　1,000円

No.5
分権時代における自治体づくりの法政策
北村喜宣　1,000円

TAJIMI CITY
ブックレット

No.2
分権段階の総合計画づくり
松下圭一　400円（委託販売）

No.3
これからの行政活動と財政
西尾勝　1,000円

【お買い求めの方法について】
下記のいずれかの方法でお求め下さい。
（1）　出来るだけ、お近くの書店でお買い求め下さい。
（2）　小社に直接ご注文の場合は、電話・ＦＡＸ・ハガキ・Ｅメールでお申し込み下さい。
送料は実費をご負担いただきます。

112-0002　東京都文京区小石川 5-26-8　TEL 03-3811-5701　FAX 03-3811-5795
Ｅメール　koujin@alpha.ocn.ne.jp
http://www.e-asu.com/koujin/　　（株）公人の友社　販売部